...für Kinder erzählt

In dieser Reihe sind bisher erschienen:

 ISBN 978-3-89660-117-9

 ISBN 978-3-89660-328-9

 ISBN 978-3-89660-244-2

 ISBN 978-3-89660-503-0

 ISBN 978-3-89660-264-0

 ISBN 978-3-89660-501-6

 ISBN 978-3-89660-430-9

 ISBN 978-3-89660-301-2

 ISBN 978-3-89660-222-0

 ISBN 978-3-89660-167-4

 ISBN 978-3-86873-000-5

 ISBN 978-3-89660-401-9

 ISBN 978-3-89660-165-0

 ISBN 978-3-89660-302-9

 ISBN 978-3-89660-466-8

 ISBN 978-3-89660-502-3

 ISBN 978-3-89660-329-6

 ISBN 978-3-89660-367-8

 ISBN 978-3-89660-303-6

 ISBN 978-3-89660-461-3

 ISBN 978-3-89660-446-0

 ISBN 978-3-89660-465-1

 ISBN 978-3-86873-001-2

 ISBN 978-3-89660-429-3

 ISBN 978-3-86873-207-8

Ägypten

für Kinder erzählt

Ägypten

für Kinder erzählt

Jean-Marc Durou

Illustrationen von
Emilie Camatte

Aus dem Französischen von
Alexandra Beilharz

KNESEBECK

Inhalt

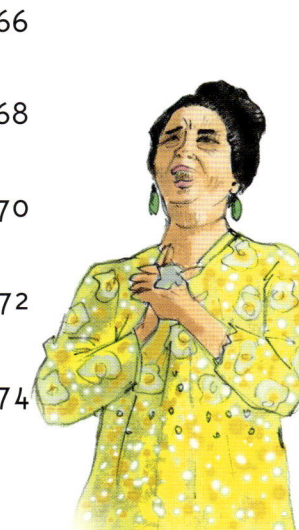

Einleitung

Mit 21 Jahren kam ich zum ersten Mal nach Ägypten. Es war ein warmer Sommertag, und ich tauchte sofort ein in die Atmosphäre der wunderbaren Stadt Kairo.

Da lagen unglaublich große Moscheen neben winzigen Gässchen mit den verschiedensten bunten Verkaufsbuden. Die Gerüche von Gewürzen mischten sich mit denen der Parfümhersteller. Überall in den lauten Straßen erklang Musik. Es gab herrliche Terrassen mit Cafés, in denen Männer ihre Wasserpfeife rauchten, und überall wimmelte es von Menschen.

Einige Tage später fuhr ich Richtung Süden, nach Oberägypten. Dort erwartete mich ein ganz anderes Bild: stille Tempel und kleine Märkte in Dörfern, die am fruchtbaren Ufer des Nils errichtet worden waren. Die Stimmung in Assuan mit all den Feluken-Booten war so friedlich. Ich besichtigte Luxor mit seinen riesigen

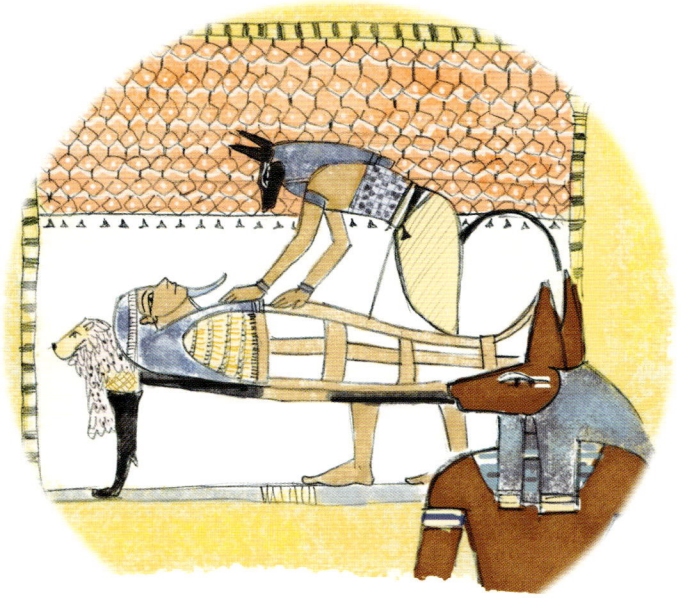

Tempeln in der Wüste, erlebte aber auch das ägyptische Landleben und sah Dromedare und Büffel auf Feldern weiden, die von Palmen gesäumt waren.

Ägypten ist wie ein riesengroßes Freilichtmuseum. Entlang dem Nilufer ließen die alten Pharaonen mitten in der Wüste Tempel erbauen, einer größer als der andere. Doch was wäre Ägypten ohne seine Menschen, die unglaublich gastfreundlich und immer gut gelaunt sind? Ich liebe dieses Land – deshalb reise ich auch immer wieder dorthin.

JEAN-MARC DUROU

Ägypten: eine Kurzdarstellung

Ägypten liegt im südöstlichen Mittelmeerraum und gehört zum afrikanischen Kontinent. Das Land grenzt an Israel, Libyen und den Sudan. Ohne den Nil, den größten Fluss Afrikas, bestünde Ägypten nur aus Wüste. Die regenarmen Gebiete umfassen nämlich 94 Prozent seiner Landesfläche. In Ägypten herrscht Wüstenklima: Im Sommer können die Temperaturen auf über 40 °C steigen.

Die Mehrheit der Bevölkerung lebt an den Ufern des Nils. Hier konnten die Bauern eine ganze Kette von Oasen anlegen. So entstand in dem Land der Pharaonen die älteste Zivilisation der Welt. Heute ist Ägypten eine arabische Republik. Der Großteil der Ägypter gehört dem islamischen Glauben an, aber es gibt auch Christen: die Kopten. Die Landessprache ist Arabisch, doch sprechen auch viele junge Leute Englisch und Französisch.

Die Hauptstadt Kairo ist mit etwa 18 Millionen Einwohnern die größte Stadt Afrikas. In Ägypten leben so viele Menschen wie in Deutschland, nämlich 80 Millionen Einwohner, davon 42 Prozent in der Stadt. Ägypten ist ein sehr junger Staat: Jeder Dritte in Ägypten ist jünger als 14 Jahre.

Das Land hat zahlreiche Bodenschätze, darunter Erdöl und Mineralien, und die Landwirtschaft wird immer moderner. Es gibt viele arme Menschen, und es wird noch dauern, bis man die Armut in Griff bekommt. Eine wichtige Einnahmequelle ist der Tourismus – Ägypten gehört zu den meistbesuchten Ländern der Erde.

Rosette   Damiette
Alexandria   Mansurah   Port-Said
Damanhir
Fayid   Sueskanal
Gizeh   Bitterseen
Shibin el Kom   Kairo   Sues
Libysches   Qarunsee   Plateau von
Hochland   El Fayùm   El-Tih
El Minya
Beni Hassan
Sinai
Tel Amarna   SAUDI-
ARABIEN
Oase   Asyud   Arabische
Bahariyya   Sohag   Wüste
Westliche
Wüste   Hurghada
LIBYEN
Nag Hammadi
Oase   Luxor
Dakhla   Karnak
El Khirga   Edfu
Mut   Kom-Ombo   Assuan   Berenice
Oase   Philae
El Kharga
Libysche
Wüste   Nasser-Stausee

ISRAEL

JORDANIEN

Golf von Sues   Golf von Akaba

SUDAN

13

Afrikas größter Fluss: der Nil

Der Nil ist mit 6700 Kilometern der längste Fluss Afrikas: Die letzten 1200 Kilometer fließt er durch Ägypten. Er entspringt den großen Seen Tanganjika- und Victoriasee, bevor er durch die Wüste fließt.

Die alten Ägypter glaubten, die Welt sei an den Quellen des Nils entstanden. Denn ohne den heiligen Fluss habe sich keinerlei Leben in der ägyptischen Wüste entwickeln können. Zweifellos hätte diese reiche Zivilisation ohne den Nil nicht zu einer solch berühmten Hochkultur werden können. Und doch kannten die Menschen der Antike die Quellen des Stroms nicht. Erst gegen Ende des 19. Jahrhunderts wurden sie von mehreren englischen Forschern entdeckt – und zwar unglaubliche 6700 Kilometer vom Mittelmeer entfernt, zwischen dem Tanganjika- und dem Victoriasee.

Bevor der Nil Ägypten erreicht, fließt er über 5500 Kilometer durch Berge, Urwälder und Sümpfe. In dieser tropischen Region von Afrika sind die Böden sehr humushaltig. Da es hier sehr viel regnet, schwemmen die Flüsse große Mengen an Erde fort. Dieser kostbare, nährstoffreiche Schlick gelangt in regelmäßigen Hochwassern bis nach Ägypten und führt zu den reichen Ernten der dortigen Bauern.

Übrigens beeinflussten diese Nilschwemmen das Kalenderjahr mit seinen 365 Tagen, wie wir es kennen. Die alten Ägypter sammelten das ganze Jahr über eine Fülle von Informationen über den Wasserstand des Nils (mithilfe von Pegelsäulen an den Ufern, den sogenannten Nilometern). So konnten sie genau berechnen, wann das Hochwasser einsetzt. Kurzum: Dem Nil ist es zu verdanken, dass die Ägypter den Kalender erfanden! Aus Anlass des jährlichen Hochwassers ihres heiligen Flusses organisierten die Ägypter viele Festlichkeiten.

Jeden Morgen bei Tagesanbruch werfen die Fischer ihre Netze aus und fangen Barsche, Karpfen und Katzenfische.

Eine Hochkultur mitten in der Wüste

Die Pharaonenzeit dauerte 2800 Jahre: Ägypten galt damals als eine der ersten Hochkulturen auf unserem Planeten. Hier der Tempel von Abu Simbel.

Ägypten gehört zu den Gebieten der Erde, die am frühesten von Menschen bewohnt waren. Bis zum Ende der Vorgeschichte (6000 v. Chr.) lebten die Menschen als Jäger, Fischer und Sammler. Doch 1000 Jahre später sollte sich das ändern: Die Menschen in der Region Faiyum im Norden Ägyptens begannen, Landwirtschaft und Viehzucht zu betreiben. Von nun an lebten die Bauern in der Nähe ihrer Felder, gründeten Dörfer und erfanden Techniken wie das Töpfern, um Wasser und Getreide transportieren zu können. Dank der fruchtbaren Felder und der Arbeit der Bauern wurde Ägypten zu einem reichen Land. Und damit wurde die ägyptische Kultur geboren.

Viele Götter wurden verehrt und die Pharaonen – so nannte man die Anführer der unterschiedlichen Königreiche. Diese Könige umgaben sich mit einem beachtlichen Hofstaat aus Priestern und Schreibern, die sehr einflussreich waren. Sie erfanden nämlich eine Schrift, die sogenannten Hieroglyphen. Jeder König festigte seine Macht, indem er majestätische Tempel, gigantische Paläste, Gräber wie die Pyramiden oder Städte wie Theben erbauen ließ. Um 3000 v. Chr. beschloss ein König namens Menes, die ägyptischen Königreiche zu vereinigen. Ägypten entwickelte außerdem über den Elfenbein-, Gold-, Weihrauch- und Sklavenhandel den Austausch mit seinen Nachbarn weiter.

Doch jede Hochkultur verschwindet eines Tages: Nach der Schwächung und Ausbeutung durch machtgierige Priester und Statthalter erhob sich das Volk. Im Jahre 332 v. Chr. drang der griechische Kaiser Alexander der Große in das Königreich ein und gründete die Stadt Alexandria. Später eroberten die Römer, angeführt von Julius Cäsar, das Land. Sie alle waren tief beeindruckt von der hochentwickelten ägyptischen Zivilisation, deren Blütezeit sich nach knapp drei Jahrtausenden langsam ihrem Ende zuneigte. Zurück blieben außergewöhnlich schöne Bauwerke, mit denen sich die Pharaonen unsterblich machten.

Alexander der Große, griechischer Herrscher und großer Kriegsherr der Antike, gründete die Stadt Alexandria.

Die Pyramiden im Tal der Könige

Die Pharaonen träumten davon, unsterblich zu werden. Die Pyramiden aus dem Tal der Könige überdauern bis heute, sie sind ungefähr 4500 Jahre alt.

In der Nähe der Stadt Kairo, auf dem Plateau von Gizeh, stehen die berühmtesten Bauwerke Ägyptens: Die Pyramiden zählen zu den sieben Weltwundern. In diesen Steingräbern wurden die Körper der Pharaonen nach ihrem Tod beigesetzt. Man begann den Bau einer Pyramide, als der Pharao noch jung war, um ihn dann später, nach seinem Tod, entsprechend würdevoll zu bestatten. Eine gewaltige Arbeit, die mehrere Jahrzehnte dauerte und die Arbeitskraft von vielen Tausend Arbeitern – meistens waren es Bauern – erforderte.

Die Pyramide wurde vor 4600 Jahren eher durch Zufall erfunden, und zwar von dem Baumeister Imhotep, als die Ägypter weder Baugerüste noch das Rad kannten. Imhotep hatte eine Kapelle und ein Grab in einem großen viereckigen Haus erbaut. Da ihm seine Arbeit nicht grandios genug erschien, ließ er ein zweites Haus auf dem ersten errichten, dann drei weitere, die alle wiederum kleiner waren. Ohne es zu ahnen, hatte er so in Memphis die erste Stufenpyramide, die Pyramide von Sakkara, erbaut. Die nachfolgenden Pharaonen fanden dieses Grabmal so schön, dass sie andere in derselben Art errichten ließen. Lange rätselte man, *wie* die Pyramiden erbaut wurden, heute stellt man sich vor, dass eine riesige Baurampe als Behelf diente. Über diese wurde jeder Steinblock von Hunderten von Männern mithilfe hölzerner Rollen gezogen.

Ab 2500 v. Chr. ließen die Pharaonen Cheops, Chephren und Mykerinos auf dem Plateau von Gizeh noch größere Pyramiden errichten; diese waren nun aber nicht mehr gestuft, sondern hatten glatte Wände. Die größte, die Cheops-Pyramide, ist 147 Meter hoch und besteht aus sechs Millionen Tonnen Stein.

Der Bau einer Pyramide dauerte mehrere Jahrzehnte.

Abu Simbel – ein Tempel wird gerettet

Durch den Bau des Assuan-Staudamms wäre der Tempel von Abu Simbel unter den Wassermassen verschwunden. Dank der UNESCO wurde er abgetragen und 100 Meter höher wiederaufgebaut.

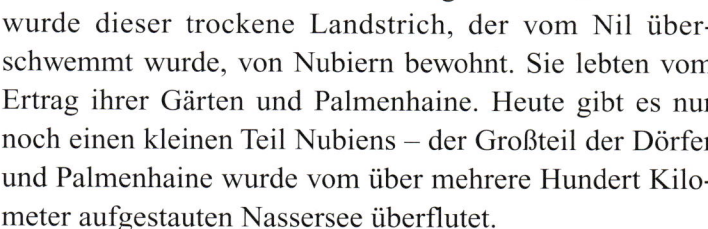

Tief im Süden Ägyptens beginnt die Nubische Wüste, die bis in den Sudan reicht. Jahrhundertelang wurde dieser trockene Landstrich, der vom Nil überschwemmt wurde, von Nubiern bewohnt. Sie lebten vom Ertrag ihrer Gärten und Palmenhaine. Heute gibt es nur noch einen kleinen Teil Nubiens – der Großteil der Dörfer und Palmenhaine wurde vom über mehrere Hundert Kilometer aufgestauten Nassersee überflutet.

Bevor man 1960 mit dem Bau des Assuan-Staudamms begann, hatte Ägypten seinen Fluss nicht im Griff. In manchen Jahren überschwemmte das Wasser das Kulturland, in anderen wiederum herrschte Dürre. In beiden Fällen folgten Hungersnöte. Daher entschied man sich für den Bau des Assuan-Staudamms. Den entscheidenden Anstoß zur Verwirklichung dieses Bauwerks gab der damalige ägyptische Staatspräsident Nasser. Die Arbeiten dauerten zwölf Jahre. Der Staudamm hielt das Wasser und regulierte seinen Durchfluss das ganze Jahr über. Nun, da sie das Hochwasser nicht mehr fürchten mussten, konnten die Bauern zwei Ernten im Jahr einfahren.

Doch waren mehrere Tempel – unter ihnen der große, Ramses II. gewidmete Tempel von Abu Simbel – in Gefahr, für immer vom Wasser des Sees überflutet zu werden. Deshalb wurde 1965 beschlossen, den Tempel Stück für Stück abzutragen und ihn auf einem Berg aufzubauen, der 100 Meter über dem Wasserspiegel des Nassersees lag. Dieses ungeheure Puzzle bestand aus 1042 Steinblöcken und wurde auf den Zentimeter genau originalgetreu wiederaufgebaut. Im Jahre 1968 war der Tempel gerettet! Diese technische Glanzleistung nahm man zum Anlass, die UNESCO-Welterbekonvention zu verabschieden und eine Liste des UNESCO-Welterbes zu erstellen.

Der Tempel von Abu Simbel wurde Stein für Stein abgebaut.

Auf Entdeckungsreise in Luxor

Luxor ist eine einzigartige Stadt. Hier, ganz nahe am Nil, ließen Priester die beiden riesigen Tempel Luxor und Karnak erbauen. Beide sind dem Gott Amun geweiht.

Die Stadt Luxor hieß in der Antike Theben. Ursprünglich war sie nur ein kleines Dorf, doch sollte sich das im Jahre 1500 v. Chr. ändern, als ihre Fürsten über ganz Ägypten herrschten. Durch die Eroberungen seiner Pharaonen und seinen blühenden Handel wurde Theben sehr schnell sehr reich. Dieser Reichtum erlaubte den Priestern, zwei Tempel erbauen zu lassen, die nur ein paar Kilometer voneinander entfernt lagen und dem Gott Amun geweiht waren: die Tempel Karnak und Luxor.

Beide Stätten sind durch eine von Sphinxen und Palmen gesäumte Allee verbunden. Das kolossale Tor des Tempels von Luxor ist noch heute von Zeichnungen bedeckt, die die Götter darstellen. Mittlerweile haben die Steine wieder ihre ockergelbe Naturfarbe angenommen. Doch zur Zeit der Pharaonen waren sie bunt bemalt in den Farben Weiß, Blau, Rot und in leuchtendem Gelb. Wenn man die Anlage betritt, bemerkt man, dass einer der beiden Obelisken vor dem Tor fehlt. Wo ist er abgeblieben? Der Obelisk wurde im 19. Jahrhundert Frankreich geschenkt und auf einem der berühmtesten Plätze von Paris, der Place de la Concorde, aufgestellt.

Mit dem Niedergang der großen pharaonischen Reiche gerieten auch die Tempel in Vergessenheit. An manchen Stellen bedeckte Sand die Statuen und Mauern, an anderen Stellen stahlen Bauern Steine als Baumaterial für ihre eigenen Häuser. 1967 beschloss die ägyptische Regierung, die Tempel vor den Steinräubern zu schützen, und gründete das französisch-ägyptische Zentrum von Karnak.

Noch heute zieren Luxor großartige Pharaonenstatuen und Säulen. Sie sind gut erhalten.

Karnak – ein Labyrinth aus Steinen

Karnak ist der größte Tempel Ägyptens. Die Besucher können sich leicht in diesem gigantischen Labyrinth aus Steinen verirren.

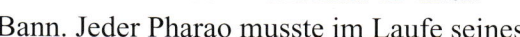

Nicht weit vom Luxor-Tempel wurde der Karnak-Tempel erbaut. Die vielen nebeneinanderstehenden Statuen ziehen den Betrachter in ihren Bann. Jeder Pharao musste im Laufe seines Lebens die Götter ehren und fügte neue Statuen hinzu, um an seine Regierungszeit zu erinnern und die Tempel zu verschönern. Die Tempel, die dem Gott Amun gewidmet waren, waren der Öffentlichkeit nicht zugänglich. Das Volk durfte sie nicht betreten, nur die Priester und deren Diener.

Der Karnak-Tempel ist sehr gut erhalten. Wenn man auf ihn zuläuft, kommt man an mehreren Dutzend Sphinx-statuen mit Widderköpfen vorbei. Die Prachtstraße endet an einem kolossalen Tor von 30 Metern Höhe und 113 Metern Breite, das Pylon genannt wird. Etwas weiter weg erkennt man eine Säulenhalle mit riesigen, über 20 Meter hohen Säulen.

Die Wände mit den zahlreichen eingravierten Szenen aus der Antike gleichen einem geöffneten Buch, das man nur zu lesen braucht. Die Steininschriften erlauben, das Leben jener frühen Epoche zu verstehen: das Leben der Bauern, der Priester und sogar das der Pharaonen. Mit etwas Fantasie kann man sich leicht vorstellen, wie früher im Sonnen-untergang zwischen den Säulen weiß gekleidete Priester umherliefen und ihren Göttern Opfer darbrachten – wie sie es eben vor 3600 Jahren taten.

Der berühmte französische Wissenschaftler Jean-François Champollion besuchte 1828 den Karnak-Tempel.

Die Kunst des Papyrus

Dank einer Papyrus genannten Pflanze erfanden die altägyptischen Priester eine Art Papier, auf dem sie schreiben und zeichnen konnten.

Vor 5000 Jahren entwickelten die Ägypter mit den Hieroglyphen eine der ältesten Schriften der Welt. Mit ihr konnten sie Befehle, Gesetze, aber auch die Geschichte ihres Volkes festhalten. Da sie noch nicht wussten, wie man Papier herstellt – das wurde von den Chinesen vor rund 2000 Jahren erfunden –, verwendeten sie ein ähnliches Material auf Pflanzenbasis und nannten es wie die Pflanze Papyrus. Der Papyrus ist eine Staudenpflanze. Sie wuchs in der Antike im Überfluss in den Sümpfen des Nildeltas. Die Pflanze, deren Wurzeln unter Wasser stehen, kann bis zu sechs Meter hoch werden.

Das Geheimnis des Papyrus wurde mit Sicherheit von Priestern entdeckt. Zuerst wurde das Mark aus den Papyrusstängeln gepresst, dann wurden die dünnen Streifen gitterförmig übereinandergelegt und durch den beim Pressen austretenden Saft miteinander verklebt. So erhielt man papierähnliche Blätter, auf denen man schreiben und zeichnen konnte.

Sehr schnell erkannten die Menschen weitere Qualitäten des Papyrus: Getrocknet wurde Papyrus zu Matten oder Seilen geflochten. Bündelweise zusammengebunden diente er sogar als Baumaterial für Boote.

Im 19. Jahrhundert entdeckte man zahlreiche alte Texte, die auf Papyrusrollen geschrieben waren. Die meisten maßen nur einen oder zwei Meter, doch eine war ganze 41 Meter lang! Mit der Erfindung des Papiers und dem Ende der Pharaos verschwand auch der Papyrus. 1960 gründete Dr. Hassan Ragab in Kairo ein Papyrus-Institut, in dem man heute Arbeiten aus Papyrus bewundern kann.

Auf Papyrus wurden Szenen aus der Geschichte Ägyptens in Hieroglyphen und Bildern dargestellt.

Das Grab des Tutanchamun

Im Tal der Könige gibt es zahlreiche Gräber, deren Mauern mit bunten Zeichnungen bemalt sind. Sie geben Aufschluss über das Leben der Pharaonen.

Gegenüber der Stadt Luxor stehen am Horizont die heiligen Berge des Tals der Könige. Wenn sie sich dem Tod nahe fühlten, kamen die ägyptischen Pharaonen mit ihren Schätzen hierher, um sich begraben zu lassen. Da sie nicht genau wussten, was sie nach dem Tod erwartete, brachten sie eine große Anzahl von Gegenständen mit. Deshalb wurden die königlichen Grabmale auch sehr luxuriös ausgestattet. Das Tal der Könige war ein geheimer Ort: Die Pharaonen hatten nämlich beschlossen, ihre Gräber zu verstecken, damit sie nicht Grabräubern zum Opfer fielen. Denn das hätte ihrer Reise ins Jenseits schaden können.

Im 19. Jahrhundert begeisterten sich viele europäische Wissenschaftler für die Ägyptologie, so nennt man das Studium des alten Ägypten. Sie begannen mit Ausgrabungen im Tal der Könige und entdeckten dort großartige Gräber, die mit prachtvollen farbigen Wandmalereien ausgestattet waren. Allerdings fanden sie in keinem einzigen Grab einen Schatz. Die Räuber waren schon vor ihnen da gewesen …

Daher nahm man an, im Tal der Könige sei nichts mehr zu entdecken. Doch der Engländer Howard Carter fuhr mit seinen Ausgrabungen fort. Und nach 20 Jahren Aufenthalt in Ägypten ging sein Traum endlich in Erfüllung: Unter der Schaufel eines seiner Arbeiter entdeckte er eine Stufe, die zu einem neuen Grab führte. Auf einer Tür war der Name des Pharaos Tutanchamun eingeritzt. Nachdem er das Grab betreten hatte, drang Carter bei Kerzenschein in einen langen dunklen Gang ein. Auf die Frage, ob er etwas erkennen könne, antwortete er: »Ja, ich sehe wahre Wunder!« Mit staunenden Augen erblickte er den völlig unversehrten Schatz des Tutanchamun.

Der Engländer Howard Carter entdeckte 1922 das Grab des Tutanchamun.

Eine lange Reise ins Jenseits: Mumien

Nach seinem Tod wurde jeder Pharao einbalsamiert und mumifiziert; so sollte sein Körper für die weite Reise ins Jenseits gewappnet sein. Als Sarg dienten mehrere Sarkophage aus Stein, die sein Antlitz zeigten.

Vor 5000 Jahren bedeutete der Tod für das ägyptische Volk den Beginn einer langen Reise. Der Körper sollte den Toten auf dieser Reise ins Jenseits begleiten. So erfanden die Ägypter ein Verfahren, mit dem sie den Körper des Verstorbenen in gutem Zustand erhalten konnten: das Einbalsamieren. Es war jedoch nur bedeutenden Persönlichkeiten vorbehalten, insbesondere den Pharaonen.

Einen Körper zu konservieren war damals eine technische Meisterleistung, die von Spezialisten, den Einbalsamierern, vorgenommen wurde. Das Einbalsamieren dauerte 70 Tage. Die Eingeweide wurden aus dem Bauch des Verstorbenen entfernt und in einem Gefäß aufbewahrt. Anschließend wurde der Körper in ein Salzbad aus Natron getaucht. Dann wurde er mit feinen, in Harz und Parfüm getränkten Leinenbändern umwickelt. Wenn dieser äußerst komplizierte Vorgang beendet war, wurde die Mumie in einen Sarkophag gelegt; das war eine Art großer, geschnitzter und bemalter Steinsarg in den Körpermaßen der Mumie. Bevor der Sarkophag geschlossen wurde, legte man dem Verstorbenen eine ihm nachgebildete Totenmaske auf das Gesicht.

Als man den Sarkophag von Tutanchamun entdeckte, war sein Gesicht mit einer Maske aus massivem Gold und mit Edelsteinverzierungen bedeckt. Inzwischen haben die Wissenschaftler Hunderte von Mumien entdeckt. Dank der Röntgenstrahlen und der Computer verraten uns die Mumien heute Geheimnisse über die Ernährung der Ägypter, aber auch über deren Lebensbedingungen und Krankheiten.

Einbalsamierer arbeiteten 70 Tage lang am Körper des Verstorbenen, um ihn zu mumifizieren, bevor sie ihn in seinen Sarkophag legten.

31

Das Geheimnis der Hieroglyphen

Hieroglyphen gehören zu den ältesten Schriften der Menschheit: Jahrhundertelang vergessen, blieben sie rätselhaft bis zu dem Tag, an dem es einem französischen Ägyptologen gelang, sie zu übersetzen.

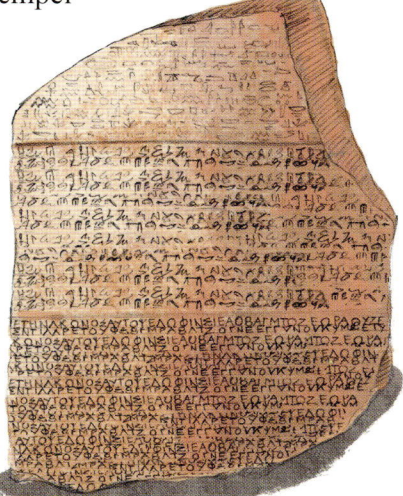

Die von den Ägyptern als »göttliche Worte« bezeichneten Hieroglyphen sind nicht nur eine der ältesten Schriften der Welt, sondern auch eine der kompliziertesten. Sie bedecken ganze Wände in den Tempeln und bestehen aus kleinen geometrischen Zeichnungen von Tieren, Menschen oder Pflanzen.

Im 19. Jahrhundert versuchten erste Gelehrte, sie zu übersetzen. Aber nicht einmal die Ägypter selbst konnten ihnen helfen. Denn diese Schrift war seit über 14 Jahrhunderten verschwunden, und kein Mensch wusste mehr etwas über sie. So blieben die Hieroglyphen zunächst ein Geheimnis.

Doch eines Tages, im Jahre 1822, entdeckten französische Soldaten in einer alten arabischen Burgruine eine Bodenplatte, in der zwei inhaltlich gleiche Texte eingraviert waren, den sogenannten Rosetta-Stein. Einer der Texte ist in Altgriechisch, der andere in Hieroglyphenschrift verfasst. Dank des griechischen Textes entschlüsselte man nun zum ersten Mal den Sinn eines Textes in Hieroglyphenschrift. Doch genügte diese Entdeckung nicht, um alle anderen Texte zu übersetzen, und so blieben einige Hieroglyphen immer noch unverstanden.

Die eigentliche Entdeckung fand in Paris am 14. September 1822 statt. Der 32-jährige Jean-François Champollion, ein brillanter Ägyptologe und leidenschaftlicher Kenner alter Sprachen, rief vor seinen Kollegen aus: »Jetzt habe ich es verstanden!« Die Hieroglyphen mussten wie ein Gedanke oder wie ein Ton gelesen und erfasst werden: Zum Beispiel bedeutet das Segel eines Schiffes nicht das Schiff selbst, sondern den Wind, der das Segel bläht.

Nach dieser Entdeckung begaben sich bald Ägyptologen auf der ganzen Welt an die Arbeit und übersetzten die Texte auf den Tempelwänden: Wort für Wort erschloss sich ihnen nun das große Buch der ägyptischen Geschichte.

Dank des Steins von Rosetta, den die napoleonische Armee entdeckte, wurden die Hieroglyphen entschlüsselt.

Die ägyptischen Obelisken

Obelisken bestehen aus einem einzigen Steinblock und wurden von den Ägyptern zum Schmuck ihrer Tempel errichtet. Der sogenannte Obelisk von Luxor steht in Paris.

Vor manchen ägyptischen Tempeln erheben sich große Steinnadeln, die Obelisken genannt werden. Das Wort stammt aus dem Griechischen »obeliskos« und bedeutet »Bratspieß«. Ein Obelisk besteht aus einem einzigen behauenen Steinblock in der immer gleichen Form: Er hat vier glatte Seiten, die mit Hieroglyphen bedeckt sind. Die pyramidenförmige Spitze war ursprünglich vergoldet.

Für die Ägypter war ein Obelisk nicht nur Dekoration. Er repräsentierte auch den Sonnengott Ra und sollte dessen Strahlen auffangen, um die Erde anzustrahlen. Auf diese Weise verband er gewissermaßen Himmel und Erde.

Im Lauf der Jahrhunderte wurden viele Obelisken von Eroberern gestohlen. So brachten etwa die Römer mehrere nach Italien. 1822 schenkte der ägyptische König Mehmet Ali dem französischen Staat einen Obelisken, der heute in Paris steht. Die Franzosen brauchten 14 Jahre für den Transport: Jahrelang wurde ein gigantisches Gerüst gebaut, um den Obelisken hinlegen zu können, ohne dass er zerbricht (er ist 23 Meter hoch und wiegt 230 Tonnen). Mehrere Schiffe waren erforderlich, um ihn den Nil flussabwärts zu transportieren. Für die Überquerung des Mittelmeers musste ein spezielles Schiff geschickt werden, das besonders schwere Lasten befördern konnte, ohne zu kentern.

Heute gibt es mehrere ägyptische Obelisken auf Plätzen in England, Italien, der Türkei und in Frankreich. Das Washington Monument ist mit 169 Metern Höhe der größte Obelisk der Welt. Er wurde zu Ehren des ersten Präsidenten der Vereinigten Staaten von Amerika aus Beton gegossen.

1822 schenkte der ägyptische König Frankreich einen Obelisken von Luxor, der auf der Place de la Concorde aufgestellt wurde.

Der Islam und seine Moscheen

Kairo hat so viele Moscheen, dass kein Bewohner sagen könnte, wie viele es genau sind. Die schönsten sind die Sultan-Hassan-, die Al-Azhar- und die Ibn-Touloun-Moschee.

Der Niedergang der ägyptischen Hochkulturen bereitete sich langsam vor. Verschiedene Völker eroberten das Land: Griechen, Perser und Römer. Die Ägypter lernten die christliche Religion kennen. Im Jahre 642 n. Chr. fielen Araber, die von weither aus der Wüste gekommen waren, in Ägypten ein. Sie hatten gerade eine neue Religion, den Islam, gegründet und verbreiteten diese schnell im gesamten Mittleren Orient und Ägypten. So wurde die Mehrheit der Ägypter muslimisch und glaubte nun an den neuen Gott Allah; nur eine kleine Minderheit, die Kopten, blieben Christen.

Im Lauf der Jahrhunderte bauten die Araber riesige Moscheen – außergewöhnliche Bauwerke hinsichtlich ihrer Ausmaße, Architektur und der reichen Verzierungen. In Kairo sind sie so zahlreich, dass keiner der Bewohner sagen könnte, wie viele es eigentlich sind. Es gibt zwei besonders schöne Moscheen: die von Al-Azhar, die zugleich eine Universität ist, und die des Sultans Hassan, die mit 86 Metern das höchste Minarett besitzt. Eine der ältesten, Ibn Touloun, stammt aus dem 13. Jahrhundert. Ihr Hof ist umgeben von Mauern und Galerien, die zur Ehre Allahs mit Inschriften geschmückt sind.

Heute prägen die fünf Säulen des Islam (das sind die vom Propheten Mohammed diktierten Regeln) jeden Tag des ägyptischen Lebens. Jeder Muslim glaubt an Allah und seinen Propheten; fünfmal täglich muss er sich in Richtung Mekka wenden und beten; er muss den Ärmsten in seinem Umkreis ein Almosen geben. Während des Ramadan, der 30 Tage dauert, darf er tagsüber nicht essen, trinken oder rauchen. Und dann muss er, sofern er es sich leisten kann, einmal im Leben eine Pilgerreise in die heilige Stadt Mekka in Saudi-Arabien machen.

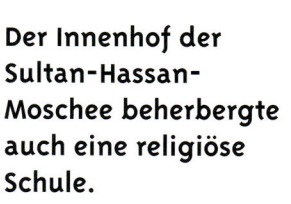

Der Innenhof der Sultan-Hassan-Moschee beherbergte auch eine religiöse Schule.

Das Volk der Nubier

Nubien liegt im Süden Ägyptens und ist ein sehr altes Land. Die Nubier waren geschickte Seeleute und Karawanenführer.

Im Süden Ägyptens liegt die Stadt Assuan; sie ist das Tor zu einer großen Wüste, die bis zum Sudan reicht. Diese Gegend heißt Nubien. Früher lebten die Nubier am Ufer des Nils in Palmenhainen, wo sie ihre Gärten bestellten. Im Lauf der Jahrhunderte stellten sie fest, dass ihr Land ein wertvolles Mineral enthielt: Gold. Die Ägypter nannten seine Bewohner »Nubier«, das hieß nämlich »Gold«.

Sehr schnell eroberten die Pharaonen Nubien, um den Handel zu kontrollieren. Denn abgesehen von Reichtümern führte von hier eine Straße nach Schwarzafrika, von wo man sich Sklaven, Elfenbein und kostbare Hölzer beschaffte. Die Ägypter erbauten in Nubien militärische Festungen sowie ihren Göttern gewidmete Tempel. Allerdings erhoben sich die Nubier im Jahre 750 v. Chr. gegen die Pharaonen und übernahmen für ein Jahrhundert die Macht in Ägypten.

Viel später, im Jahre 1963, ließen die Ägypter einen enormen Staudamm in Assuan erbauen, um die Nilschwemmen zu regulieren. Ein Teil Nubiens verschwand, weil er vom Wasser überflutet wurde. 60 000 Nubier waren gezwungen, ihre Heimat zu verlassen. Der Staudamm bildete einen See von über 500 Kilometer Länge und über 40 Kilometer Breite. Glücklicherweise konnten Tempel wie der von Abu Simbel vor dem Nilwasser gerettet werden, und viele Nubier bauten ihre Dörfer nördlich des Staudamms wieder auf. Doch trotz des neuen Lebens, das sie nun führen, ist jeder Nubier auch traurig über den Verlust seiner Heimat. Die meisten Nubier sind Bauern oder Felukenfahrer, die die Touristen auf den Nil mitnehmen; andere wiederum sind Händler.

Der fünf Kilometer von Assuan entfernte Philae-Tempel wurde wie auch Abu Simbel 1980 vor dem Wasser des Stausees gerettet.

Das Königsschiff des Nils: die Feluke

Zur Nillandschaft gehören die weißen Segelschiffe untrennbar dazu. Die Araber nennen sie Feluke – Königsschiff.

Einmal wöchentlich am Markttag sitzen eine Menge Bauern mit ihren Waren auf den Feluken, bevor sie den Nil überqueren. Diese Boote mit ihren dreieckigen Segeln gibt es bereits seit der Antike. Früher hatten sie viereckige Segel; doch die Araber erfanden dreieckige Segel, die dem kräftigen Wind auf dem Fluss besser standhalten können.

Die Feluke ist ein Schiff aus Holz, oft weiß gestrichen, mit leuchtenden Farben bemalt und mit flachem Boden. So kann man gut an den sandigen Flussufern anlegen. Die Bezeichnung Feluke kommt aus dem arabischen »folk«, was »Schiff« bedeutet.

Für einen Fellachen, so nennt man den ägyptischen Bauern, ist dieses Schiff unentbehrlich. Denn Brücken über den Nil sind selten, und die Feluke ist das einzige Transportmittel. Man lädt, um auf den Markt – den Souk – zu gehen, Reis, Gemüse, Getreide, Hühner, Schafe ein. Nur Büffel und Pferde durchqueren den Nil schwimmend, begleitet von ihrem Eigentümer auf der Feluke.

Wenn sie am anderen Flussufer angekommen sind, machen sich die Bauern auf, um den Tag auf dem Markt zu verbringen. Die Felukenfahrer hingegen gönnen sich eine wohlverdiente Ruhepause im Schatten ihrer Segel.

Noch heute verwenden viele Bauern eine Feluke, um von einem Ufer des Nils zum anderen zu gelangen.

Die Dattelpalme – Symbol der Fruchtbarkeit

Am Ufer des Nils wachsen die Dattelpalmen in riesigen Palmenhainen. Die Gärten liegen geschützt vor der sengenden Sonne in ihrem Schatten. Wenn der Sommer zu Ende geht, bringen sie eine sehr beliebte Frucht hervor: die Dattel.

Wo man sich in Ägypten auch befindet – auf die Dattelpalme stößt man überall: in der Wüste, am Ufer des Nils oder in den Städten. Trotz ihrer Größe (sie kann 30 Meter hoch werden) ist sie kein Baum, sondern ein Strauch.

Es gibt männliche und weibliche Palmen. Auf hundert weibliche Palmen kommt nur eine männliche. Seit Hunderten von Jahren steigen die Bauern jedes Jahr auf die männlichen Palmen, sammeln den Pollen und klettern dann auf die weiblichen Palmen, um sie zu bestäuben: Auf diese Weise tragen die weiblichen Palmen besonders viele Datteln, jede mehrere Hundert Kilogramm!

Um den Ursprung der Palmen ranken sich viele Geschichten: Für die alten Ägypter sind sie ein Symbol der Fruchtbarkeit. Für die Muslime ist die Palme ein heiliger Baum, über den der Prophet Mohammed nur Gutes gesagt haben soll. Entgegen der überlieferten Vorstellung stammt die Palme ursprünglich nicht aus der Sahara, sondern aus Mesopotamien (dem heutigen Irak und Syrien). Vor rund 6000 Jahren begannen die Menschen, sie anzubauen. Die Dattel ist eine vielseitige Frucht: Sie kann zu Sirup oder Konfitüre verarbeitet werden, dient als Grundlage für zahlreiche Kuchenrezepte und ist somit ein echter Küchenstar. Und jedes Jahr erhält die beste Dattelsorte den Namen eines Menschen, der für seine guten Taten berühmt wurde: Die Dattel des Jahres 2009 wurde »Obama« genannt.

Alle Bestandteile einer Palme sind nützlich. Mit ihrem Stamm baut ein Bauer das Dach seines Hauses. Ihre (bis zu vier Meter langen) Blätter werden benutzt, um Obst- und Gemüsegärten vor Sand zu schützen. Die Frauen flechten aus ihnen Taschen oder verschiedene Korbwaren. Neun Millionen ägyptische Palmen stehen in den Gärten: Denn ohne ihren Schatten würde das Gemüse gar nicht wachsen.

Fast alle ägyptischen Kuchen werden mit Dattelpaste verziert. Die Kuchen sind sehr süß.

Kairo – die Metropole am Rande der Wüste

Die ägyptische Hauptstadt Kairo ist eine riesige Stadt. Sie besteht aus einem Mosaik verschiedener Stadtviertel, und auf den Straßen wimmelt es vor Menschen und Straßenhändlern.

Kairo, die Hauptstadt Ägyptens, ist 2009 mit 18 Millionen Einwohnern die größte Stadt Afrikas und der arabischen Welt. Sie wurde zwischen der Wüste und den Ufern des Nils erbaut und hieß zur Zeit der Pharaonen Memphis; dann unter den Arabern El-Quahira, was »die Siegreiche« bedeutet. Zu Beginn unserer Zeitrechnung bestand Kairo noch aus kleinen Dörfern. Die Häuser waren aus Lehmziegeln und verstreut erhoben sich schon viele Märkte, die Souks. Im 7. Jahrhundert führten die Araber eine neue Religion ein, den Islam: Von da an wurden in Kairo riesige Moscheen gebaut. Etwas später ließ einer der Statthalter, Mehmet Ali, eine Zitadelle auf einer Anhöhe errichten, von der aus man heute noch in der Ferne die Pyramiden sieht. Im 19. Jahrhundert unternahm der ägyptische Gouverneur Ismael der Große eine Reise nach Frankreich. Begeistert von den schönen Pariser Gebäuden und der Sauberkeit auf den Straßen, ließ er nach seiner Rückkehr ganze Stadtviertel mit fließendem Wasser und Gasbeleuchtung bauen.

Heute ist Kairo eine vielseitige Stadt. Manche Viertel gleichen europäischen Städten, andere sind eher volkstümlich und ähneln traditionellen arabischen Städten; das berühmteste Stadtviertel ist der große Bazar Khan el-Khalili.

Wenn man Kairo besichtigt, könnte man schon ein bisschen erschrecken: so viele mit Paketen beladene Menschen, die mit Autos verstopften Straßen und mittendrin die Pferdekarren. Auch ist man erstaunt über die vielen Kinder: Hier ist die Hälfte der Bevölkerung jünger als 20 Jahre. Doch trotz des Lärms, dem Gehupe und der Umweltverschmutzung ist Kairo eine reizvolle und einladende Stadt.

Die Bewohner von Kairo scheinen immer unterwegs: Sie benutzen Taxis, Straßenbahnen und seit Neuestem auch die U-Bahn.

Die Lumpensammler von Kairo

Bereits frühmorgens streifen Väter und Söhne durch Kairos Straßen. Sie sammeln Müll und bringen ihn in ihr Viertel Mokattam. Man nennt sie die »Lumpensammler von Kairo«.

Am 20. Oktober 2008 berichteten die Medien vom Tod der Schwester Emmanuelle. Diese katholische Nonne ist noch heute berühmt, weil sie ihr Leben damit verbracht hat, den Armen zu helfen. Im Jahre 1971, als sie eigentlich schon im Alter für den Ruhestand war, entdeckte sie in Kairo das Viertel Mokattam. Sie war entsetzt über die Armut der dort lebenden 35 000 Menschen. Diese koptische Bevölkerungsgruppe bäuerlichen Ursprungs, alle vollständige Analphabeten, hatte wegen ihrer Armut die ländlichen Gebiete in Oberägypten verlassen. Unglücklicherweise war die Stadt bereits übervölkert und bot ihnen keinerlei Unterstützung.

Um nicht an Hunger zu sterben, spezialisierten sie sich auf das Sammeln und Sortieren von Müll. Jeden Morgen bei Tagesanbruch gehen Väter und Kinder in die Stadt und durchsuchen den Müll: Sie sammeln den Abfall, nehmen ihn mit in ihr Viertel und sortieren ihn mit der ganzen Familie. Eine langwierige und unangenehme Arbeit. Anschließend verkaufen sie Plastik und Papier an Recyclingfirmen – für einen Hungerlohn von weniger als 40 Euro im Monat.

Schockiert über die katastrophalen hygienischen Verhältnisse in Mokattam, machte Schwester Emmanuelle die Europäer darauf aufmerksam. Sie wollte das Leben dieser »Lumpensammler von Kairo« verbessern, sammelte Spenden und rief Alphabetisierungskurse und Mathematikkurse ins Leben. Es gelang ihr, ein Krankenhaus und ein Hilfszentrum für die Elendsten einzurichten. Im Jahre 1994, als sie 86 Jahre alt war, benannte sie Schwester Sarah, eine koptische Ägypterin, als ihre Nachfolgerin. Jene wiederum eröffnete Schulen, Kindergärten und ein kleines Krankenhaus. Mittlerweile haben die Schwestern erreicht, dass 85 Prozent der Kinder lesen und schreiben können; und sie fahren fort, den Lumpensammlern von Kairo zu helfen.

Durch die Hilfe von Schwestern können viele Arme aus Kairo etwas lernen und so ein besseres Leben führen.

Der Esel – ein unentbehrlicher Begleiter

In der Stadt wie auf dem Land – für die Ägypter ist der Esel unverzichtbar.

Ob man in Ägypten in der Wüste ist, auf den Feldern, am Nil oder selbst in großen Städten – überall sieht man Esel. Er ist für die Menschen hier unverzichtbar, wenn sie etwas zu transportieren haben, und gehört so fest zum ägyptischen Alltag. Esel sind arbeitsam, kräftig und ertragen die Hitze gut. Auch sind sie nicht teuer und recht anspruchslos, was das Futter anbelangt.

Früher lebten Esel wild, doch ab 4000 v. Chr. hielten die Ägypter sie als Haustiere. Eigenartigerweise nahmen sie sie nur als Lasttiere und nicht als Reittiere. Da das Dromedar erst recht spät in Ägypten – gegen 1000 v. Chr. – bekannt wurde, prägten Esel über 3000 Jahre lang die Karawanen, sogar bei Wüstendurchquerungen.

Auch heute bleibt der Esel immer noch das beliebteste und preisgünstigste Transportmittel – trotz Autos und Mofas. Bauern reiten auf ihm ins Dorf, zum Markt, transportieren mit ihm Zuckerrohr und Gräser für die Kühe. Und die Kinder gehen so mit ihren Freunden einkaufen! Vor einen Karren gespannt, transportiert der Esel Gemüse, Stoffballen und alle möglichen anderen Waren. Doch so ein städtisches Eselsleben ist anstrengend: In den alten Stadtvierteln Kairos transportiert er den Müll, weil da nämlich kein Lastwagen durchkommt. Im täglichen Straßenverkehr von Kairo ist es keine Seltenheit, einem Esel zu begegnen. Und wenn unser kleiner Esel bei Grün nicht weitermöchte, dann gibt es oft Staus. Da können die Autofahrer noch so viel hupen!

In allen Städten und Dörfern ziehen Esel tapfer riesige Lasten.

Viehmarkt auf dem Land

Der Viehmarkt ist ein fester Bestandteil des Landlebens. Dort kauft und verkauft man Esel, Kühe, Dromedare, Schafe, Ziegen, aber auch große schwarze Büffel.

Die Fellachen – so nennt man die ägyptischen Bauern – haben eines oder mehrere Tiere. Die reichsten besitzen Büffel oder Dromedare, die anderen Kühe, und fast alle haben Ziegen, Schafe, Esel und Hühner. Schweine sind im muslimischen Glauben verboten; nur die Christen, die Kopten, halten sie.

Am Rand der Städte findet jede Woche der Souk statt. Das ist ein großer Viehmarkt, der um acht Uhr morgens beginnt: Viele Bauern reisen nachts zu Fuß oder in Lieferwagen mit ihren Tieren an. Damit die Tiere von den Lastwagen herunterkommen können, bindet man ihre Beine los und richtet sie vorsichtig auf. So können sie mit einem sanften Sprung auf dem Boden landen.

Jede Tierart hat auf dem Markt einen festen Platz: Büffel und Dromedare außen, Schafe in der Mitte, Esel gibt es eigentlich überall. Durch die Menge läuft ein Mann mit einer großen Schere in der Hand. Das ist ein Friseur, der seine Dienste anbietet: Er schert einem verkauften Tier ein Zeichen ins Fell, was als Marke des neuen Besitzers gilt.

Im Zentrum des Marktes schützen große Zelte die vielen Töpfe, in denen Bohnen und Fleisch schmoren. Dort wird Tee und Wasser gereicht, und manche Gäste mieten sogar eine Wasserpfeife.

Die Verhandlungen über den Kauf eines Tieres können sich über Stunden hinziehen. Wenn es Abend wird und der Bauer sein Vieh verkauft hat, kehrt er in seine Heimat zurück, nach einem Abstecher auf den Basar. Dort kauft er Erzeugnisse (Stoffe, Tee oder Zucker), die er in seinem Dorf nicht bekommt.

Überall auf dem Land kaufen und verkaufen Bauern ihr Vieh.

Das Dromedar – Herr der Wüste

Das Dromedar hat nur einen Höcker.
Es ist perfekt an das Wüstenleben angepasst.
Die Bauern halten es als Haustier, das schwere
Lasten trägt.

Europäer, Russen, Amerikaner, Japaner, Araber oder Afrikaner: Alle Touristen möchten wenigstens einmal auf seinem Rücken sitzen. Natürlich, es geht um das Dromedar! Und nicht um das Kamel. Eine Unterscheidung, die erklärt werden muss. Kamel und Dromedar: ein oder zwei Höcker? In Ägypten und in allen Wüstengebieten Afrikas und des Mittleren Orients gibt es nur Dromedare; sie werden allerdings auch Kamele genannt. Auf alle Fälle haben sie nur einen Höcker. Die einzige Kamelart mit zwei Höckern lebt nämlich ganz woanders: in Asien in der Wüste Gobi.

Das Dromedar lebt in Trockenwüsten. Es kommt erst seit ungefähr 2000 v. Chr. in Ägypten vor und wurde von arabischen Beduinen gezähmt. Als kräftiges und perfekt an die Hitze angepasstes Tier kommt es über eine Woche ohne Wasser aus. Doch an einer Tränke kann es innerhalb von einer Stunde bis zu 100 Liter Wasser aufnehmen! Es hat keine Hufe, sondern mit einer sehr harten Haut überzogene, schwielige Polster, die verhindern, dass es im Sand einsinkt. Sein Höcker ist ein großer Fettspeicher; wenn es keine Nahrung findet, kann es überleben, weil es die im Höcker gespeicherte Energie zur Verfügung hat.

Das Pferd wiehert, das Dromedar hingegen blökt. Das hört sich unangenehm und störrisch an, dabei ist das Dromedar doch ein sehr gelehriges Tier. Seit Jahrhunderten hilft es in Ägypten den Bauern, schwere Lasten wie Zuckerrohr, Holz und Getreidesäcke zu tragen. Es gehört mehr oder weniger zur Landschaft dazu; wenn es nicht arbeitet, sieht man es in der größten Hitze, die ihm offenbar nichts anhaben kann, wiederkäuen. Und in den Souvenirgeschäften gibt es kein Tier, das öfter als Andenken verkauft wird. Ein echter Star, so ein Dromedar.

**Zehn Tage kann ein Dromedar ohne Wasser aushalten.
Aber in einer Oase kann es dann über 100 Liter Wasser
auf einmal trinken.**

Souks: orientalische Märkte

Ob in Großstädten oder Dörfern – Souks gibt es überall in Ägypten. Die Händler breiten ihre Waren auf kleinen Karren aus: Das Feilschen kann beginnen.

In allen ägyptischen Städten gibt es einen Basar. Der größte und berühmteste ist der in Kairo. Seit Jahrhunderten ist er in den engen Gassen der Altstadt beheimatet. Autos fahren dort keine.

Hunderte kleiner Geschäfte mit winzigen Fassaden liegen neben Juwelierläden mit glitzernden Auslagen. Ein einfacher Tisch vor der Tür genügt schon, um einen Eindruck von den Waren zu vermitteln. Der Händler stellt einen Stuhl bereit und beobachtet die Kundschaft. Sobald jemand vorbeikommt, rühmt er die Qualität seiner Produkte und den günstigen Preis. Wenn ein Kunde stehen bleibt, fängt das orientalische Feilschen an, das aber im Laden stattfindet.

In manchen etwas breiteren Straßen haben Verkäufer Gemüse auf Karren geladen. Auf anderen Karren werden traditionelle Gerichte wie Bohnen und Linsen über einem kleinen Holzkohlefeuer zubereitet. Zur Mittagszeit isst man etwas bei einem dieser rollenden Imbisse. Und man probiert köstliche Dattelkuchen, die die Frauen des Viertels zubereiten. Anderswo breiten Parfümverkäufer Hunderte kleiner vergoldeter Fläschchen aus, deren Duft die Passanten betäubt.

Im Lauf eines Tages gibt es immer wieder Augenblicke – ein paar Minuten vor dem Ruf zum Gebet –, in denen sich der Basar leert. Manche Geschäfte schließen, andere lassen sich kurz von einem Freund vertreten, um keine Kunden zu verlieren.

Der Basar ist ein magischer Ort, an dem sich die Augen nie ausruhen können. Da kann einem richtig schwindelig werden, wenn sich der Geruch der Gewürze, die Musik und die Rufe der Verkäufer miteinander vermischen.

Orientalische Frauen gehen mit Begeisterung in den Souks spazieren, um einzukaufen und sich zu vergnügen.

Shisha, Tee und Kaffee

Für die ägyptischen Männer ist das Café ein Ort, an dem man sich mit Freunden trifft. Ein Ort, an dem man scherzt und eine Wasserpfeife raucht, die Nargileh oder Shisha genannt wird.

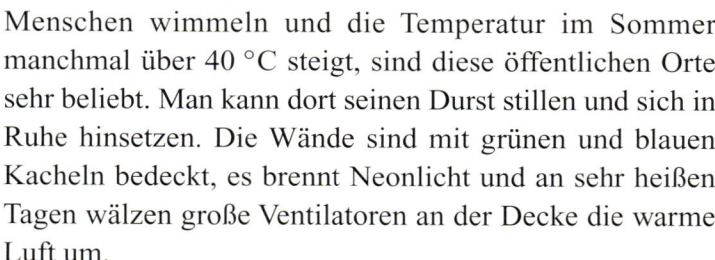

Die Kaffeehäuser nehmen im Leben der Ägypter einen wichtigen Platz ein. In einem Land, in dem die Straßen vor Menschen wimmeln und die Temperatur im Sommer manchmal über 40 °C steigt, sind diese öffentlichen Orte sehr beliebt. Man kann dort seinen Durst stillen und sich in Ruhe hinsetzen. Die Wände sind mit grünen und blauen Kacheln bedeckt, es brennt Neonlicht und an sehr heißen Tagen wälzen große Ventilatoren an der Decke die warme Luft um.

Frauen sieht man selten in den Cafés; dagegen werden sie von Männern oft besucht, vor allem von den muslimischen Männern. Da sie keinen Alkohol trinken dürfen, trinken sie am liebsten Tee in kleinen Gläsern, Kaffee oder gekühlte Getränke wie den Karkadeh, das ist gezuckerter, eisgekühlter Hibiskustee. Coca-Cola und Limonaden werden natürlich auch angeboten.

In vielen Cafés kann man etwas Besonderes ausprobieren: die Shisha, bekannter unter dem Namen Nargileh. Das ist eine Wasserpfeife, die der Cafébesitzer seinen Kunden mit einem honigsüßen Tabak als Begleitung zum Getränk vermietet.

Noch vor einigen Jahren traten Musiker und Geschichtenerzähler in den Cafés auf. Doch wurden sie von Radios und Fernsehern mit ihren Fußballspielen und Shows vertrieben. Die meisten Männer gehen ins Café, um sich mit Freunden zu treffen, Domino zu spielen oder die Passanten auf der Straße zu beobachten. Angst vor Lärm darf man hier nicht haben, denn die Ägypter sprechen und lachen laut und an vielen Ecken ertönt lebhafte arabische Musik.

Die Männer im Café spielen sehr gerne Domino.

Der Bauchtanz

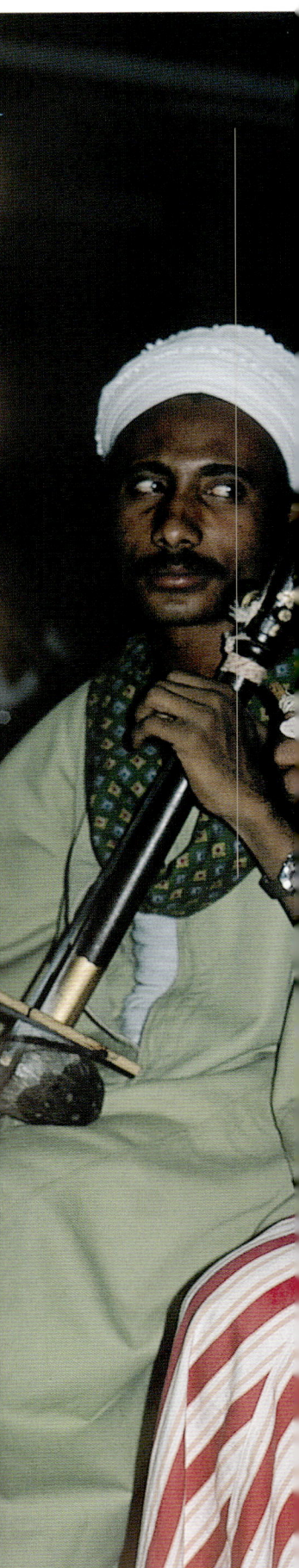

Bauchtanz ist ein fester Bestandteil
der musikalischen Kultur. Die einzelnen
Bewegungen sind schwer zu erlernen,
und man muss lange trainieren.

Der Bauchtanz ist in Ägypten schon vor Jahrhunderten entstanden. Dieser Tanz heißt auf Arabisch »raqs sharqi«, was »orientalischer Tanz« bedeutet. Will man ihn lernen, sind viele Übungsstunden in den zahlreichen Tanzschulen Kairos nötig. Das ist eine besondere Kunst und nicht einfach zu lernen. Eine sehr gute Tänzerin trennt die einzelnen Tanzgesten voneinander. So müssen sich Arme, Schultern, Hüften, Bauch und Beine einzeln zum Klang der Trommeln, der Flöten und Klarinetten des Orchesters bewegen. Ein wichtiges Element ist die Körperspannung, denn Schultern und Bauch müssen sich sehr schnell im Rhythmus der Musik zusammenziehen und bewegen.

Bauchtanz ist ein kulturelles Element des Alltagslebens in Ägypten. In jeder Familie üben ihn schon die kleinen Mädchen zu Musik. Heute tanzen ihn auch junge Mädchen in den Städten bei Familienfesten oder in Bars zu moderner arabischer Musik.

Es gibt in Ägypten auch hauptberufliche Tänzerinnen, die man für Hochzeiten engagiert. In Kairo allein gibt es über 2000 solcher Tänzerinnen. Ihre Kleider sind farbenfroh und mit glitzernden Pailletten bestickt; außerdem schwingen die Tänzerinnen weite Schleier um sich herum.

**Eine Bauchtänzerin mit ihren
Musikern in einem Hotel in Kairo
bei einer Hochzeitsfeier.**

Von der Musik zum Kino

Dank seiner Musik, seines Kinos und seiner jungen talentierten Künstler hat sich Ägypten zum Hollywood des Mittleren Orients entwickelt. Das wird in der gesamten arabischen Welt so empfunden.

Schon die Wandmalereien der antiken Tempel belegen, dass Musik eine wichtige Rolle im Leben der Ägypter spielte. Mit der Ankunft der Araber im 7. Jahrhundert nahm sie noch mehr Raum ein. Und heute gibt es keine Straße, in der nicht orientalische Musik zu hören wäre. Langsam oder fetzig tönt sie aus einem Café, einer Wohnung oder einem Taxi. Alle Musikstile sind vertreten: die traditionelle Musik, bei der immer zur Begleitung von Trommeln gesungen wird, oder die moderne Musik mit elektronischen Instrumenten.

Anfang der 1950er Jahre tat sich im musikalischen Bereich besonders viel – viele Sänger sangen von der Liebe und zogen das Publikum an. Einer der bewunderten Stars war die Sängerin Oum Kalsoum; ein einziges ihrer Lieder kann bis zu 30 Minuten dauern. Auch zwei andere Sänger waren ziemlich erfolgreich: Farid el-Atrache und Mohamed Abdel Wahab.

Ungefähr zur gleichen Zeit wurde die ägyptische Kunstszene durch das 1940 eingeführte Kino revolutioniert. Weil europäische Filme die arabische Welt nicht zeigen und auch nur selten übersetzt werden, hatte ein reicher ägyptischer Bankier den Einfall, Filmstudios einzurichten. Die ersten Filme erzählen Liebesgeschichten, und in fast allen spielen berühmte Sängerinnen mit. Der Erfolg dieser Musikkomödien drang schnell über die ägyptischen Grenzen in alle Länder. In wenigen Jahren nur wurde Kairo das »Hollywood« der muslimischen Welt.

1970 trat eine neue Generation von Filmregisseuren mit realistischeren Filmen über das ägyptische Alltagsleben auf den Plan. Als der Filmemacher Youssef Chahine 1997 beim Filmfestival in Cannes ausgezeichnet wurde, fand das ägyptische Kino schließlich auch international Anerkennung.

Diese ägyptische Sängerin heißt Oum Kalsoum: Sie war die berühmteste Sängerin der arabischen Welt.

Die Kopten: ein altes christliches Volk

In den Wüstenklöstern bewahren koptische Mönche schwere Manuskripte auf mit herrlichen Illustrationen, die man »Buchmalerei« nennt. Die Kopten sind orthodoxe Christen und machen zehn Prozent der ägyptischen Bevölkerung aus.

Die Kopten sind direkte Nachfahren der alten Ägypter, die in der pharaonischen Zeit lebten. Sie haben dem Land seinen Namen »Ägypten« gegeben, denn die alten Griechen nannten sie »Aegyptios«. Im 1. Jahrhundert n. Chr. glaubten die Ägypter an die Reinheit der Seele und an die Auferstehung der Toten – Glaubensgrundsätze, die auch dem Christentum den Weg bahnten. Ein Teil der Bevölkerung nahm den christlichen Glauben an und baute 40 n. Chr. die erste christliche Kirche in Alexandria.

Ab dem 2. Jahrhundert gründeten die Kopten eine Universität in Alexandria und eine Bibliothek. Sie entwickelten eine religiöse Kunst mit Zeichnungen und Buchmalerei – Techniken, die noch heute von den Mönchen der Wüstenklöster gepflegt werden.

Heutzutage ist die große Mehrheit der Ägypter muslimischen Glaubens. Die Kopten sind eine Minderheit von orientalischen Christen. Sie sind nicht an die katholische Kirche in Rom gebunden, sondern haben einen eigenen Papst in Alexandria.

Auch wenn sie heute wie die Mehrheit der Ägypter Arabisch sprechen, so wird doch ihre ursprüngliche Sprache, die aus dem alten Ägypten stammt, noch in religiösen Zeremonien verwendet. Oft sind die Kopten Ärzte, Rechtsanwälte, Professoren oder in kaufmännischen Berufen tätig. Einer der berühmtesten Kopten ist Boutros Boutros-Ghali. Das ist ein Politiker, der eine große Rolle spielt und wegen seiner Klugheit sehr anerkannt ist; zumal er Generalsekretär der UNO, also der Vereinten Nationen, war.

Der internationale Politiker und ehemalige UNO-Generalsekretär Boutros Boutros-Ghali ist Ägypter koptischen Glaubens.

Das Katharinenkloster im Sinai

Der Bibel zufolge erhielt der hebräische Prophet Moses auf diesem heiligen Berg inmitten der Wüste Sinai von Gott die Zehn Gebote.

Im Osten des Niltals, zwischen Mittelmeer und Rotem Meer, erstreckt sich der Sinai. Diese mondartige Landschaft, eine ausgedehnte Fels- und Sandwüste, in der es fast nie regnet, bildete den Schauplatz eines außergewöhnlichen religiösen Abenteuers. Zur Zeit der Pharaonen nahm Ägypten eine jüdische Minderheit auf, die bei ihnen jedoch in Sklaverei leben musste: die Hebräer. Eines Tages jedoch wurde einer von ihnen – Moses – von Gott aufgefordert, seinem Volk zur Flucht aus Ägypten zu verhelfen. So wurde er ihr Prophet und Anführer.

Der Bibel zufolge führte dieser Exodus die Hebräer in die Sinaiwüste an den Fuß eines riesigen Berges. Eines Tages stieg Moses allein auf den Gipfel. Er sah einen brennenden Dornbusch und an dieser Stelle übergab ihm Gott die Steintafeln mit den Zehn Geboten. Darunter das erste Gebot: »Ich bin der Herr, dein Gott, der dich aus Ägypten geführt hat. Du sollst keine fremden Götter neben mir haben.« Moses gründete daraufhin die Religion Israels, eine monotheistische Religion, das heißt, dass nur ein Gott verehrt wird.

Heute nennen die Katholiken diesen Berg den »Mose«, die Juden nennen ihn »Moshe« und die Muslime »Moussa«. Alle drei Bezeichnungen haben die gleiche Bedeutung: Moses, der in allen drei Religionen als Prophet verehrt wird.

Um an der Stelle des brennenden Dornbuschs beten zu können, erbauten die Christen im 6. Jahrhundert dort ein Kloster, das Katharinenkloster. Es ehrt die heilige Katharina, eine Märtyrerin, die wegen ihres christlichen Glaubens gestorben ist. Noch heute ist dies ein heiliger Ort, den zahlreiche Gläubige aller drei Religionen aufsuchen.

Der Prophet Moses vor dem brennenden Dornbusch, bevor Gott ihm die Zehn Gebote übergibt.

Die Lebensader Sueskanal

Der Sueskanal ist 190 Kilometer lang, 300 Meter breit und 22 Meter tief. Er verbindet das Rote Meer mit dem Mittelmeer. Weil es diesen Schifffahrtsweg gibt, müssen die Frachtschiffe nicht mehr um Afrika herumfahren.

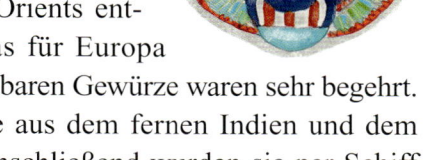

Als im ausgehenden Mittelalter die Gewürze des Orients entdeckt wurden, hatte das für Europa Folgen. Die überaus kostbaren Gewürze waren sehr begehrt. Karawanen brachten sie aus dem fernen Indien und dem Mittleren Orient, und anschließend wurden sie per Schiff über das Mittelmeer nach Europa weiterbefördert.

Doch die Portugiesen, echte Eroberer, suchten im 15. Jahrhundert einen anderen Weg. Mit der Erfindung eines hochseetauglichen Schiffs, der Karavelle, gelang es ihnen, Afrika zu umrunden. 1497 entdeckte Vasco da Gama die indische Küste. Nun wurde dieser über 19 000 Kilometer lange Seeweg von zahlreichen europäischen Schiffen befahren.

Als 1798 Napoleons Expedition Ägypten erreichte, brachte ein Forscher die Idee auf, einen Kanal zwischen Mittelmeer und Rotem Meer zu bauen, um die Strecke um 10 000 Kilometer abzukürzen. Im Einvernehmen mit dem König Mehmet Ali begann der Franzose Ferdinand de Lesseps den Bau des Kanals, der über 150 Kilometer durch die Wüste gegraben wurde. Die Arbeiten dauerten zehn Jahre. Es wurde beschlossen, dass es sich um neutrales Gebiet handeln sollte und alle Schiffe der Welt durchfahren durften. Allerdings entschied 1956 der ägyptische Staatspräsident Nasser, dass der Kanal in Zukunft nur Ägypten gehören solle.

Heute ist der Sueskanal unverzichtbar für den Transport von Handelsgütern und Öl. Über 20 000 Frachtschiffe durchqueren ihn jedes Jahr. Der Verkauf der Durchfahrtsrechte ist eine wichtige Einnahmequelle für Ägypten.

Der Weg der Schiffe führt vom Mittelmeer über den Sueskanal in Richtung Asien.

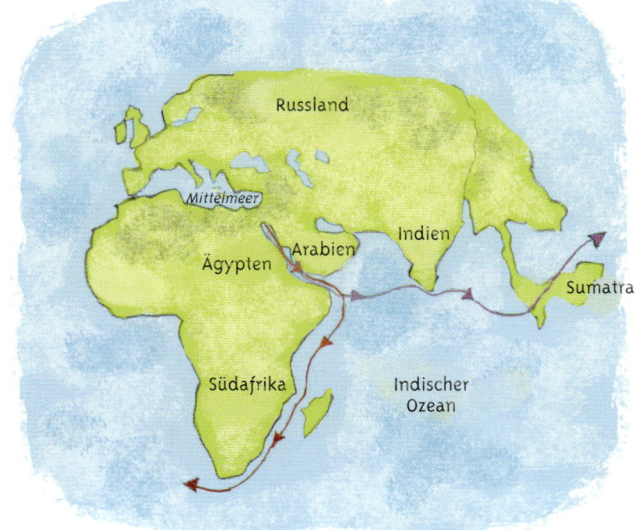

Assuan: Wüste und gewaltiger Staudamm

Die Stadt Assuan ist von einer der schönsten Landschaften Ägyptens umgeben. Außerdem ist sie berühmt für ihren Stausee, der das Nilwasser aufnimmt.

Die Stadt Assuan ist im südlichen Ägypten gelegen und weltberühmt für ihre außergewöhnliche Landschaft, denn der Nil folgt hier nicht seinem gewöhnlichen Lauf. Hier sprudelt das Flusswasser, und es fließt über viele Felsen. Sie bilden das, was man ein Katarakt nennt. Wo der Nil der Stadt gegenüber flussabwärts verläuft, teilt er sich in mehrere Arme und bildet kleine Inseln. Auf der größten dieser Inseln, der Elefanteninsel, erbauten die Ägypter früher das erste Dorf, aus dem sich später Assuan entwickelte. An diesem strategisch günstig gelegenen Ort konnten sie allen Schiffern Steuern abverlangen. Die Pharaonen wollten nämlich den Handel mit Waren kontrollieren, die aus Nubien stammten: Gold, Elfenbein und Edelhölzer.

In Assuan kann man auch am Flussufer einen riesigen Felsen mit einer eigenartigen Bezeichnung entdecken: den Nilometer. Dank der in ihm eingravierten Maßeinheiten konnte man anhand des Wasserstandes erkennen, wie stark in diesem Jahr die Nilschwemme sein würde. Wenn das Wasser eine hohe Gradeinteilung erreichte, würde der Nil über die Ufer treten. Wenn das Wasser hingegen ein mittleres Maß erreichte, kündigte sich ein gutes Jahr an; wenn allerdings nur eine untere Markierung erreicht wurde, wussten die Menschen, dass eine Dürre folgen würde. Heute wird der Nilometer nicht mehr benutzt, denn die Nilschwemmen werden vom Staudamm geregelt. 1960 wurde mit seinem Bau begonnen, und zwölf Jahre später war der Assuan-Staudamm fertig. 30 000 Arbeiter hoben 43 Millionen Kubikmeter Erde und Felsen aus, das ist 17-mal so viel, wie das Raummaß der Pyramide von Gizeh umfasst!

Dank einer in den Felsen eingeritzten Gradeinteilung, Nilometer genannt, konnte man früher die Höhe der Nilschwemmen abschätzen.

Der Leuchtturm von Alexandria

Der Leuchtturm von Alexandria war so groß, dass er zu den sieben Weltwundern der Antike gehörte. Nach einem Erdbeben stürzte er ins Meer. Erst vor Kurzem hat man Teile dieses versunkenen Schatzes wiedergefunden.

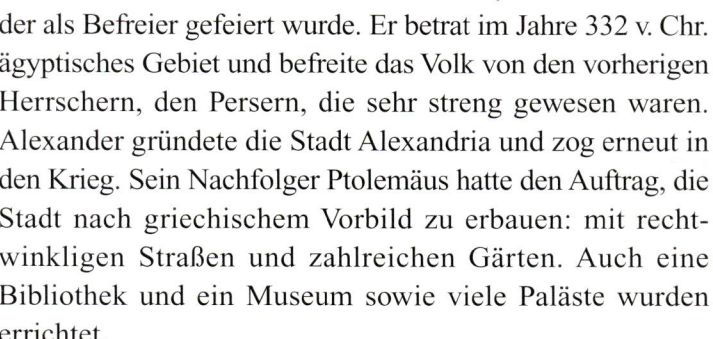

An der Mittelmeerküste erhebt sich die Stadt Alexandria. Ihren Namen bekam sie von Alexander dem Großen, der als Befreier gefeiert wurde. Er betrat im Jahre 332 v. Chr. ägyptisches Gebiet und befreite das Volk von den vorherigen Herrschern, den Persern, die sehr streng gewesen waren. Alexander gründete die Stadt Alexandria und zog erneut in den Krieg. Sein Nachfolger Ptolemäus hatte den Auftrag, die Stadt nach griechischem Vorbild zu erbauen: mit rechtwinkligen Straßen und zahlreichen Gärten. Auch eine Bibliothek und ein Museum sowie viele Paläste wurden errichtet.

Doch das ungewöhnlichste Bauwerk der Stadt war der Leuchtturm von Alexandria, der im 2. Jahrhundert v. Chr. erbaut worden war. Die Griechen waren Seeleute und wollten ihre Schiffe vor den Gefahren der Küste schützen. Dieser Leuchtturm war eine zu jener Zeit ungeheure Leistung: Er war ganze 135 Meter hoch! An seinem Fuß nahm ein Gebäude mit 50 Räumen das Holz auf, das Männer jede Nacht zu seiner Spitze trugen, um es dort zu verbrennen. Das Feuer ermöglichte den Seefahrern, den Leuchtturm nachts aus einer Entfernung von 50 Kilometern zu sehen. Auf der Leuchtturmspitze thronte eine riesenhafte Statue von Zeus, dem obersten Gott der Griechen. Der Leuchtturm von Alexandria war so groß und so schön, dass er zu den sieben antiken Weltwundern gehörte.

Der Leuchtturm hatte über 1700 Jahre lang Bestand, doch dann ließ ihn ein Erdbeben ins Meer stürzen. Er war der erste und größte Leuchtturm der Welt und diente den Erbauern vieler späterer Leuchttürme als Vorbild.

Der Leuchtturm von Alexandria war eines der höchsten Bauwerke der Antike.

Unterirdische Schätze im Roten Meer

Das Rote Meer säumt die ägyptische Küste. Es ist eines der wärmsten Meere der Welt mit einer überreichen Meeresfauna. Die herrliche Unterwasserwelt zieht heute viele Taucher an.

Östlich des Nils grenzt Ägypten an das Rote Meer. Das Binnenmeer ist ungefähr 2000 Kilometer lang und 300 Kilometer breit und trifft im Süden auf den Indischen Ozean. Sein Name wird darauf zurückgeführt, dass die Berge an seiner Küste bei Sonnenuntergang rot glänzen; man sagt auch, dass sich zu bestimmten Jahreszeiten die Algen an seiner Oberfläche rot färben. Das Rote Meer ist mit einer gleichbleibenden mittleren Temperatur von 20 bis 25 °C eines der wärmsten Meere der Erde. Aufgrund der Wasserwärme konnten sich hier wunderschöne Korallen entwickeln. Zahlreiche tropische, kunterbunte Fischarten tummeln sich dort. Die Küste gehört zu einem Naturschutzgebiet.

Zur Zeit der Pharaonen fuhren viele Schiffe ins Land Punt (die heutige Küste von Somalia). Von dort brachten sie alle Arten von Waren mit: Gewürze und Elfenbein, aber auch Sklaven. Im 18. und 19. Jahrhundert entwickelte sich der Handel zwischen Arabien und den afrikanischen Küstengegenden. Das Rote Meer wurde nun zum Schlupfwinkel von Piraten und Schmugglern.

Heute lebt diese Gegend Ägyptens größtenteils vom Tourismus. Der beliebteste Badeort ist Hurghada. Tauchsportfreunde sind begeistert, wenn sie die außergewöhnliche Unterwasserwelt entdecken. Selbst das Tauchen nur mit Taucherbrille und Schnorchel wird hier zum unvergesslichen Erlebnis. Denn die Natur ist noch intakt, das Wasser klar und sauber, und manchmal ziehen sogar Delfine an den Tauchern vorbei.

Taucher im Roten Meer sind nie allein: Blaupunktrochen begleiten sie.

Die Libysche Wüste

Die weiße Wüste war vor mehreren zehntausend Jahren vom Meer bedeckt. Heute regnet es hier nur sehr, sehr selten.

Im Westen Ägyptens beginnt die Sahara, eines der trockensten Gebiete unseres Planeten. Hier regnet es praktisch nie: vielleicht einmal in zehn oder 20 Jahren. Wenn man von Kairo über eine Sandpiste kommt, kann man die Oase Siwa entdecken. In dieser Wüstenstadt lebt ein von Westen zugezogenes Berbervolk. Etwas weiter liegt die Oase Bahariyya, eine alte Karawanenstadt: Die Pilger machten hier auf ihrer Reise nach Mekka Station, um sich auszuruhen. Und schließlich – über 500 Kilometer entfernt von Kairo – kommt Farafra: die letzte Oase vor dem großen, fast undurchdringlichen Sandmeer.

In diesen Oasen gibt es ausgedehnte Palmenhaine. Die Palmen holen sich das nötige Wasser aus riesigen natürlichen Wasserspeichern, dem Grundwasser. Heutzutage verfügen die Oasenbewohner über genügend Wasser – dank der Brunnen, die sie gebaut haben. Sie nehmen Motorpumpen zu Hilfe, um das Wasser, mit dem sie ihre wunderbaren Wüstengärten bewässern, an die Oberfläche zu befördern.

Die Oase von Farafra ist auch das Eingangstor zu einem außergewöhnlichen Ort: der weißen Wüste. In dieser ausgedehnten Ebene aus Kalkstein hat der Wind den Felsen die Form gigantischer Pilze verliehen: Spezialisten nennen das einen »Inselberg«. Hier gibt es weder Pflanzen noch Tiere, nur eine durch Wind und Sonne entstandene mineralische Gesteinswelt. Doch woher kommt all das Salz? Aus dem Meer, das nach dem Ende der Kreidezeit zurückgewichen ist und den Boden mit Sedimenten bedeckt zurückgelassen hat. Dabei handelte es sich überwiegend um Muscheln, aus denen heute diese weiße Kreide besteht. Ein unvergessliches Naturschauspiel für furchtlose Reisende.

Es gibt fast keine Nomaden in der Libyschen Wüste: Es fällt so wenig Regen, dass sich kein Weideland für ihre Tiere entwickeln kann.

BILDNACHWEIS

Alle Fotos stammen von Jean-Marc Durou www.jeanmarcdurou.com mit Ausnahme von
S. 30 © D.R.
S. 32 © D.R.
S. 66 © Zentille/Kharbine-Tapabor
S. 70 © Stéphane Compoint
S. 74 © Patrick Darphin

Der Autor dankt Valérie Roland für ihre freundliche Unterstützung.

Bibliografische Information Der Deutschen Nationalbibliothek
Die Deutsche Nationalbibliothek verzeichnet diese Publikation in der Deutschen Nationalbibliografie;
detaillierte bibliografische Daten sind im Internet unter http://dnb.d-nb.de abrufbar.

Titel der Originalausgabe: *L'Égypte racontée aux enfants*
Erschienen bei Éditions de La Martinière SA, Paris 2010
Copyright © 2010 Éditions de La Martinière SA, Paris, Frankreich

Deutsche Erstausgabe
Copyright © 2010 von dem Knesebeck GmbH & Co. Verlag KG, München
Ein Unternehmen der La Martinière Groupe

Umschlaggestaltung: Gudrun Bürgin
Satz: satz & repro Grieb, München
Druck: Proost, Turnhout
Printed in Belgium

ISBN 978-3-86873-208-5

www.knesebeck-verlag.de